U0889732

作者简介

韦其麟，1935年3月出生，壮族，广西横县（今横州市）人。1957年毕业于武汉大学汉语言文学专业。历任广西文联主席、党组书记，中国作家协会第五、六届副主席，第七、八、九届名誉副主席。著有诗集《百鸟衣》《含羞草》《梦的森林》《苦果》等。《百鸟衣》被誉为中国少数民族文学史中优秀民族诗歌的代表作。《凤凰歌》《寻找太阳的母亲》《童心集》分别获第一、二、三届全国少数民族文学创作骏马奖，专著《壮族民间文学概观》获首届全国少数民族文学研究优秀著作奖。

秋山芒絮

韦其麟 著

·诗集·一百一十九首

秋山芒絮

钟世华 选编

广西民族出版社
Gvangjsih Minzcuz Cuzbanjse

在苍穹与大地之间跋涉的诗心

◎钟世华

又一个寂静的夜晚！微风轻抚，当我再次翻阅韦其麟先生的诗歌，仿佛随着他的文字穿越时空，置身那片充满诗意的天地。每每读到《百鸟衣》，仿佛看到一对有情人化身衔着彩虹的凤凰在纸页间振翅，羽翼抖落星光，点亮浩瀚苍穹。翻阅《寻找太阳的母亲》，又仿佛听见红水河的波涛在诗句里奔涌，将壮民族古老的传说锻造成铿锵的韵律。读《童心集》，又似一泓清澈泉水，流淌着纯真与善良，洗涤尘世的浮躁与喧嚣。在韦其麟的诗歌世界里，既有山川的壮丽与雄浑，也有溪流的灵动与温婉，他用细腻的笔触描绘自然的美，让读者的心灵在静谧中得到滋养。

作为一位从事“业余写作”70余年的壮族诗人，韦其麟的文学贡献在于对民族民间资源的转化和对中国传统诗歌美学的继承，为当代诗歌提供了具有极高辨识度的诗歌文本。长诗《百鸟衣》大量使用了赋比兴手法，将壮族民间故事中的浪漫元素与诗歌赋比兴传统完美融合，使故事在生动叙述中展现出强烈的艺术感染力。“绿绿山坡下，/清清溪水旁，/长棵大榕树，/像把大罗伞。”诗中以比兴开篇，给古卡生长的环境涂上一层美丽的色彩。这种对传统诗歌手法的娴熟运用，不仅传承了中国古典诗歌的美学精髓，更赋予了民间故事新的生命力。笔下的“古卡”与“依娌”早已超越民间故事原型，化作反抗压迫的自由符号——当古卡射穿土司的牢笼，箭镞上闪烁的不仅是爱情和勇气，更是整个族群对尊严的千年渴求。而《凤凰歌》中的达凤，在革命的熊熊火焰里化成翩飞四方的凤凰，更是广西在革命烈焰中涅槃新生的隐喻。那些被神化的动物意象——会说话的乌鸦、流泪的蟒蛇等等，都是壮民族万物有灵观的现代转译。韦其麟的诗以深刻的民族命运思考和深沉的理性思维呈现出一种哲理风格，在对人生的各种遭遇，人间的善与恶、悲与喜的书写中，体现出深沉的国家认同意识。他的诗歌创作具有永恒的艺术价值与思想深度，超越了地域与民族的界限，向世界展示了中国少数民族文化的独特魅力和深厚底蕴，在中国少数民族文学乃至中国当代诗歌的发展史上，留下了浓墨重彩的篇章。

韦其麟始终葆有一颗纯粹的童心，这让其诗歌始终绽放出独特光芒。步入晚年以后，韦其麟的诗歌创作进入了更为成熟和深邃的境界，有着既矛盾又和谐的特质。岁月的积淀并未消磨他对世界的好奇与热爱，反而给他的诗歌赋予了更多深刻的哲思和对生命的悲悯。他的诗行里，既有历经沧桑后的睿智，也不乏孩童般对万物的欣喜与惊叹，他以细腻的情感和敏锐的观察力，探索着人性的幽微和生活的复杂。这些采撷自生活深处的诗歌，犹如夜空中闪烁的辰星，既有成熟的光辉，又透着未经世事雕琢的纯真。2021年，我在编撰《韦其麟年谱》时，他整理并复印给我一本写于1995年之后的诗作集子。2024年的某天，我去拜访他，闲聊中他谈到想把这本诗集出版的想法。源于我多年对他诗作的痴迷与敬畏，经过多方联系和努力，与广西民族出版社达成了出版意向，于是便有了这本诗集《秋山芒絮》的问世。“我常跋涉在梦的荒原，/背上驮着小小的行囊，/遍野的荆丛布满乱石，/蹒跚的脚步踉踉跄跄。”（《行囊》）韦其麟将岁月沉淀的智慧与炽热的赤子之心凝结成的诗集《秋山芒絮》，仿如一幅跨越时空、情韵悠长的画卷，引领我一同在苍穹与大地之间进行了一场诗心的跋涉。

“空寂的秋山不仅仅是安静，/也有藤蔓欣欣前行的足音”，“满坡的芒絮欣欣飞扬，/ 何等纯净美好的景象”，一首《秋山》，一首《芒絮》，从童年故乡秋天的山上飘来的芒絮，直飘到诗人人生之秋的温润岁月里。韦其麟在《后记》中称收录在这本集子中的诗为“习作”，只是“以诗的形式记述所思所感的文字”，毋宁说收入这本诗集中的每一首诗都是韦其麟灵魂的独白，这些诗有倾心的喜悦、艰涩的诉说，也有朴素的祈愿和幻想，是他对生活、自然、人性的深刻洞察与深情礼赞，犹如一颗颗散落在时光长河里暗自发光的珍珠。

如果说《百鸟衣》《寻找太阳的母亲》《莫弋之死》《普洛陀，昂起你的头！》等诗是苍穹中神性光辉的闪烁，那么《秋山芒絮》则是大地上人性情思的展现，从中亦可窥见作者在其人生之秋写作新诗的心路历程。透过《秋山芒絮》中的诗，我能真切地感受到他对生活的热爱，那是一种深入骨髓的眷恋，即便生活中充满了风雨与挑战，他依然能从平凡的日常中发现美好与希望。“奔奔波波又过了一天，/ 莫感慨人情的冷淡。/ 如果给了别人一点愉悦，/ 便增添了世间的温暖。”（《日子》）从这首诗里可以看出诗人对生活有着积极乐观的态度和豁达的胸怀，他不被日常的奔波所累，也不抱怨人情的冷暖，而是以一种奉献的精神去看待生活，认为只要能给他人带来愉悦，就是为世间增添温暖。这种价值观体现了诗人内心的善良和对社会美好的期许，体现出他超越平凡琐碎生活，用一颗真诚的心去拥抱世界、关怀他人的高尚情怀。

《高山》《一棵枯树》《小溪》《野草》《蜻蜓》等，这些诗表达了诗人对自然的敬畏与热爱，山川河流、花鸟虫鱼、树木青草都仿佛被赋予了生命，它们不再是简单的自然景观，而是与人类心灵相通的存在。这些诗也体现了诗人对人性的关怀，他用诗歌去温暖那些孤独的灵魂，去唤醒人们内心深处的善良与良知。“纵然永远没有芳草的美名，/也为来春秃山播一片春光。”（《芒絮》）在这一首首诗中，我看到了一位诗人的责任与担当，他以朴素的姿态诠释生命的意义，用文字为我们构建一个充满爱与希望的精神家园。

“孑然挺立于荒漠的旷野，/是大地一道优美的风景。”（《孤独的树》）谨以此书致敬韦其麟先生，亦献给所有在诗歌道路上执着前行、心怀热爱的人们。愿读者翻开这些诗页时，能够看到韦其麟先生在苍穹与大地之间跋涉的诗心，能够在这些诗的世界里寻得心灵的慰藉与力量。

钟世华，文学博士，南宁师范大学研究员，中国作家协会会员，中国文艺评论家协会会员，广西作家协会理事。

目录

秋　山

空寂的秋山不仅仅是安静，
也有藤蔓欣欣前行的足音，
也有深谷流泉不息的潺潺，
也有林间阵阵起伏的涛声，
也有百鸟无拘无束的欢歌，
也有小虫自由自在的争鸣，
也有果实落地成熟的绝唱，
也有千年老树沧桑的沉吟……
秋山的胸怀多么美丽深广，
无处不是色彩斑斓的层林。

芒　絮

满坡的芒絮欣欣飞扬，
何等纯净美好的景象，
没有色彩也毫不芬芳，
却怀情意殷殷的向往。

不祈求飘落在温润的沃土，
不期望有香花艳丽地开放，
纵然永远没有芳草的美名，
也为来春秃山播一片春光。

泉　水

在山泉水清，出山泉水浊。

——题记

出山的泉水就一定浑浊吗？
如果我们的大地都很洁净，
每一块裸露的土地长满绿草，
丘陵和山峦都是茂密的树林；
如果没有狂暴的阴风恶雨，
每一个日子都和丽而清明；
如果世上的道路都很宽坦，
没有污秽而腐烂的泥泞。
如果人间有如蔚蓝的天空，
每一颗心灵都像闪光的星星……

深秋的夕阳

高远的碧空，清朗，
宁静的降落，安详，
明净的光辉
也毫无尘埃的飞扬。

辽阔的大地，肃穆，
雍容的告别，端庄，
鲜亮的殷红
壮美着天地的苍茫。

深谷苍松

经历了千年风霜的绵绵沧桑，
苍劲的形象凝结着沉重的忧伤；
造就了顶天立地的堂堂气度，
浩茫的松涛沉积着深广的悲怆。

阴晴冷暖都安于深深的山麓，
放任山顶灌木瞟来睥睨的目光；
年年岁岁都守在寂寂的幽谷，
不睬空中茅花随风跋扈的飞扬。

高　山

从洪荒以前到今朝，
默默地高耸云霄。

——你为什么不奔向大海呀？
山脚的小溪鄙夷地问道。

——你怎么总在我的脚下呢？
山顶的荒茅轻蔑地讥笑。

——你也配这么高么？
阴沉的浓雾常常把它笼罩。

——你居然要挡路吗？
怒吼的狂风总想把它轰倒。

始终无声地屹立，

高山听不懂种种喧嚣。

一棵枯树

严厉的春寒冻伤了青春的新芽，
夏日的狂风摧残了正茂的枝丫，
萧瑟的秋风落尽了稀疏的翠绿，
坚瘦的秃枝只是对大地的报答。

不再畏惧风霜冰雪狂暴地肆虐，
不再害怕雷电霹雳无情地挞伐，
但愿作为柴薪给人间些许温暖，
并不奢望明春再萌发一树繁花。

老苦瓜

始终是周身的皱褶，
始终是浑身的苦涩，
仿佛永远也不会成熟，
总是一身青灰的颜色。

天生难以叫人赏识，
天生不会给人甜蜜，
谁知在其心胸的深处，
怀着多么鲜红的绚丽。

沉　默

不识世间繁杂的嚣声，
沉默的夜空多么宁静。
沉默的夜空闪烁着星星，
沉默的夜空飘游着白云，
沉默的夜空月光在流泻，
沉默的夜空流星在灿烂，
为天空的美丽无声地献身。

不识闹市浮躁的喧哗，
沉默的原野多么宁静。
沉默的原野青草在生长，
沉默的原野鲜花在盛开，
沉默的原野树木在结果，
沉默的原野黄叶在飘舞，
为大地的肥沃安详地凋零。

孤独的树

给烈日下跋涉的旅人，
一片清凉的绿荫。

给四周的小鸟一个家，
满树欢歌的昏晨。

从不羡慕林间的热闹，
从未感到孤独的凄清。

孑然挺立于荒漠的旷野，
是大地一道优美的风景。

深山里

林间有小鸟婉转的歌声，
从不希望有谁在倾听；
深谷有流水琤琤地抚琴，
从不寻觅难逢的知音。
阳光默默地洒遍山野，
处处洋溢着安宁的欢欣。

繁盛的草木蓬勃地生长，
并不企盼热情的赞扬；
鲜艳的山花缤纷地开放，
并不期望人们的欣赏。
和风轻轻地吹过山野，
处处飘拂着清新的芬芳。

无名的古树

默默地生长在深深的山谷，
远远地离开了闹市的喧哗，
在漫漫岁月悠长的清寂中，
长成了如此高洁的挺拔。

虽也有无尽的残酷的风霜，
却没有滚滚的烟尘的濡染，
在漫漫岁月悠长的清净里，
培育了如此庄严的伟岸。

幽　谷

四周的山峰是高高的，
头上的蓝天是窄窄的，
都说阳光最无私，
阳光也不照耀到这里。

这里的空气是清新的，
这里的泉水是洁净的，
莫说春风吹不到，
翠绿的芳草多么茂密。

小　溪

一条清清的小溪，
时刻匆匆地流淌，
不是向往海洋的辽阔，
不是向往江河的浩荡。

它的道路千回百转，
它的歌声却很欢畅，
因为喜欢深山的清静，
因为爱恋幽谷的安详。

它不想流出山外的远方，
它不愿流入滚滚的大江，
不是畏惧自己的消失，
只是害怕污浊的波浪。

山中月夜

四周的高山宁静而深情，
夜色中缓缓前来与我亲近，
我们彼此都不曾相识，
却如同作客他乡遇见故人。

一轮圆圆的孤独的月亮，
高悬于空中仿佛有点冷清，
不觉之间降落山顶，
安详地不知和谁谈论古今。

大海与天空

向往天空的明净浩渺，
大海扬起高高的浪涛；
向往大海的深沉辽阔，
天空的心——太阳
　　时时把大海照耀。

蔚蓝的天空爱慕大海，
蔚蓝的大海爱慕天空，
因羞涩而避开人们吗？
总在远方——才会
　　亲密地互相拥抱。

野　草

不知道繁花似锦的庭院，
不知道五彩缤纷的花坛，
永远长在荒原和山野，
从不感到自己的卑贱。

纵然年年有燎原的烈火，
纵然岁岁有冷酷的冰霜，
严冬去后又绿遍天涯，
总给河山无限的春光。

无论是战场遍地的弹坑，
无论是刚刚垒起的新坟，
总会蓬勃起一派生机，
默默疗愈世界的伤痕。

不管是地震遗落的山崩，
不管是灾难留下的赤地，
总以无比顽强的翠绿，
悄悄平复大地的疮痍。

雨　后

滂沱的大雨已经过去，
一切的一切更加清新，
灿烂的阳光特别鲜亮，
碧蓝的天空格外明净。

片片绿叶都绿得纯洁，
座座青山都青得纯真，
广袤的大地一尘不染，
犹如泪水洗过的良心。

野　湖

倒长着一片宁静的树林，
林梢飘游着悠悠的白云。

在湖底寂寂的最深处，
传来阵阵小鸟的歌声，
群群小鱼在欢乐嬉戏，
轻盈穿越浓浓的绿荫。

几只野鸭从白云间游过，
划破了林间幽深的安宁。

残　荷

微寒的秋风吹过荷塘，
枯残的荷叶低声吟唱，
倾诉对于盛夏的怀恋？
叹息今日深秋的凄凉？

没有怀恋也不觉凄凉，
正在喜悦地歌唱秋光。
虽已枯残却曾经翠绿，
风中依然有缕缕清香。

山顶的灌木

一棵挺拔的木棉，
长在多雾的深谷。
而高高的山顶上，
有株小小的灌木，
披着绚丽的彩霞，
潇洒地迎风起舞。
它俯视山麓，睥睨着木棉——
多么可怜，这树中的侏儒。

寒　潮

骄横的寒风掠过原野，
心中何其得意且欢愉，
所有的绿叶都已凋零，
遍野尽是漫覆的冰雪。

只见那些枯黄的衰草，
瑟缩地伏倒在它的跟前；
只见那些光秃的树林，
畏怯地战栗于它的威严。

凌厉的寒风无比倨傲，
一路狂啸却毫不知道——
就是冰封的河流下面，
依然汹涌奔腾着波涛。

那些匍匐于地的草茎，
正向往着在春风中开花；
那些摇晃不安的秃枝，
正在孕育着新春的萌芽。

旱　雷

讨厌那些空洞的雷声，
躲在云中傲慢地轰鸣，
声音透着无比的威严，
仿佛主宰万物的神圣。

雷声传遍了千山万岭，
千山万岭响起了回声，
打破了这天地的安谧，
骚扰着这世界的宁静。

久经苦旱的广袤大地，
一切都在渴盼着甘霖，
总把这雷声当作喜讯，
总是怀着期待的欢欣。

然而雷声一阵又一阵，
却没有一滴雨水降临。
这空洞雷声何其伪善，
净是欺骗大地的生灵。

稻　田

共扎根在一样的泥土，
同生长在一样的清水，
共在一块田里拔节展叶，
同在一块田里扬花抽穗。

没有一株禾苗享有尊贵，
没有一株禾苗身世卑贱，
每一株禾苗都欣欣向荣，
互相簇拥彼此亲密无间。

共承受着一样的雨露，
同沐浴着一样的阳光，
共陶醉在温煦的和风，
同荡漾起轻轻的稻浪。

没有一株禾苗自认非凡，
没有一株禾苗自卑渺小，
每一支稻穗都结满谷粒，
能结多少就会结出多少。

荷塘小景

荷叶上的露珠，
一刻也不能安宁；
荷叶下的浊波，
把荷叶摇个不停。

荷叶上的露珠，
晶莹得多么艰辛；
荷叶下的浊波，
荡漾得何其欢欣。

聚　会

工地那爱喧嚣的噪音逐渐沉寂了，
高楼那爱炫耀的灯光次第熄灭了，
辗转不寐的苦恼慢慢地消散了，
百无聊赖的烦躁悄悄地离开了，
扰人无眠的精灵飘然而远去了。
阵阵清风不知从哪里轻轻地来了，
片片白云从远方天边悠悠地来了，
一轮明月从高楼顶上默默地来了，
几颗明亮的星星静静地来了，
无数的星星也纷纷跟着来了。

我们在阳台相聚，彼此多么亲近，
相对无语，共享这夜的安谧与深沉。

长在水泥地板的小草

在广场，水泥地板小小的裂缝中长出一株茁壮的野草。

——题记

曾经完完全全地绝望，
曾经彻彻底底地消亡。
陷入无边无际的黑暗，
遭受万劫不复的埋葬。
一颗惨遭厄运的草籽，
谁知道它的痛苦和哀伤。

坚固的地板也会龟裂，
不朽的种子萌芽生长，
顽强的生命伸出缝隙，
欢乐的绿叶迎着阳光。
一株欣欣向荣的小草，
谁理解它的艰辛和悲怆。

过小巷

长长的小巷高高的围墙，
玻璃的碎片有如剑影刀光，
闪射着森严阴冷的敌意，
春日的朝晖仿佛一片秋霜。

有几枝翠绿伸过了墙头，
满枝的鲜花迎着阳光开放，
给行人一些友好的暖意，
似问这世间何须处处设防？

希　望

没有希望的日子，也是生活吗?

——题记

就像歌唱的小鸟，
依恋茂密的树林；
就像草木的扎根，
始终离不开土地。

就像飘游的白云，
依恋晴朗的蓝天；
就像航行的帆船，
始终离不开风浪。

幻　想

不是沉寂幽谧的好梦，
像绚烂的不可接近的彩虹。

也许是个不坏的朋友，
常常抚慰你落寞的烦忧。

让苦涩的日子也有些甜蜜，
让丑陋的世间也有些美丽。

好意地暂时麻醉你的苦楚，
却永远不能赐予你幸福。

愚蠢的智者

说是夕阳的西沉？
远方却是旭日的东升。

说是阴郁的雨天？
阴云之上却阳光灿烂。

说是虚无的幻想？
却是他真真实实的向往。

说是又添一岁的高寿？
你的天年却少了一载春秋……

愚蠢的智者总是疑惑，
沉溺于思索常常沉默。

逝　水

极目看不见邈远的彼岸，
无边的难以想象的苍茫；
昨夜的夕阳今朝的旭日，
逝水却没有回头的波浪。

无论是闲云野鹤的飘逸，
无论是大鹏雄鹰的翱翔；
飞不过滔滔逝水的辽阔，
越不过滚滚逝水的浩荡。

无　题

严寒在冰封的江河
追寻奔腾不息的波浪，
却不知道　自己
已把滔滔的波浪冻僵。

浓雾在迷茫的原野
寻找明丽秀美的风光，
却不知道　自己
已把大地的风景埋葬。

阳　光

由于滚滚的乌云，
彩霞消遁了，
白云逃逸了，
连碧空也在躲藏。
从来不会逃避的
是大地对阳光的怀想。

由于呼呼的狂风，
小草匍匐了，
大树倒下了，
连高山也在晃荡。
依旧岿然屹立的
是大地对阳光的向往。

由于哗哗的暴雨，

蝴蝶失踪了，
小鸟蜷缩了，
连雄鹰也收敛翅膀。
依然展翅飞翔的
是大地对阳光的渴望。

由于滔滔的洪水，
道路淹没了，
田园冲毁了，
连江河也都被埋葬。
永远不能吞噬的
是波涛上闪耀的阳光。

忆　念

已经那么迷蒙，
在迢遥的星空。
似点点萤火忽闪忽灭，
闪也匆匆，
灭也匆匆，
明明灭灭在这深夜
　　溶溶如水的月色中。

已经那么缥缈，
在已逝的幽梦。
似缕缕蛛丝欲断还续，
断也憧憧，
续也憧憧，
飘飘摇摇在那岁月
　　漫漫无边的风雨中。

向　往

你一出现，如朝阳忽地升起，
天空满彩霞，鲜花齐开放。
你一来临，一切都突然璀璨，
大地在闪耀，飘溢着芬芳。

在你身边，心中充满了欢乐，
赶走了沮丧，驱散了忧伤。
有你同在，岁月是多么充实，
美好的希望，常展翅飞翔。

与你相伴，走过严冬的荒原，
风景也明媚，处处是春光。
与你同行，走向毁灭的深渊，
也毫不畏惧，勇敢地前往。

憧　憬

白云缭绕在山顶，
高山还会孤独吗？

小鸟在树上唱歌，
林间就不冷清了。

地里生长着庄稼，
田园还会荒芜吗？

心中闪烁着憧憬，
日子就不寂寞了。

挫　折

何必埋怨，无须沮丧，
挫折也为你催生新的希望。
一朵乌云遮不住阳光的普照，
大山脚下有奔腾东去的波浪。
今晚怅怅西沉的落日，
明朝又是喷薄的朝阳；
一颗被寒风吹落的种子，
来春会有一株绿苗茁壮成长……
也许，在将来回首的时候，
这会成为你记忆里的珍藏。

满天纷纷……

满天纷纷飘舞的彩云，
林间阵阵小鸟热烈的歌声，
迎接带来曙光的黎明？
欢呼朝阳辉煌地东升？

但当夕阳恹恹地西沉，
暮色跟随黄昏而降临，
林间也有小鸟热烈的歌声，
也有满天飞扬的彩云。

荒　原

我走在梦中的旷寂的荒原，
我走向遥远的苍茫的天边，
希望越过前方的地平线，
希望走出这广漠的荒原。

我走不出这广漠的荒原，
我越不过前方的地平线，
天边之外还有遥远的天边，
荒原之外仍是辽阔的荒原。

也　许

杜鹃的啼叫使你感到凄凉?
也许杜鹃正在快乐地歌唱。

秋虫的歌声使你感到兴奋?
也许秋虫正在凄切地悲吟。

你自己感到的那沉重的痛苦,
也许正是别人羡慕的幸福。

你自己陶醉的那欢欣的喜庆,
也许正是令人悲哀的不幸。

悠　悠

曾经悠悠地憧憬，
远眺悠悠的前景，
而今也在悠悠地回望，
往日走过的悠悠的路程。

几重悠悠的峻岭，
几片悠悠的白云，
仿佛梦中悠悠的幻象，
又似欲断的悠悠的琴声。

哲　人

他把钟表的指针固定，
宣布时间已经停止。

他摆动一束塑料的鲜花，
证明春天永远不再离去。

旱天他将竹排搁在山顶，
说是洪水已经涨到那里。

晴日他闭起自己的双眼，
断言这是没有阳光的日子。

哀　殇

刚刚高飞的雏鹰，
被利箭猝然射中了翅膀。

开始挂果的幼树，
被突来的狂风折断了脊梁。

首航远方的轮船，
被礁石在水下撞破了胸膛。

初次冲锋的战士，
被子弹从背后击穿了心脏。

迷　惑

都说这是污臭的池塘，
为什么有清澈的轻波在荡漾？
都说那是仁慈的菩萨，
为什么靠近却感到冷若冰霜？

都说走向幸福的乐园，
为什么许多人却神色慌惶？
都说那是罪恶的渊薮，
为什么许多人却深情向往？

莫　名

木棉花寻找茉莉花的鲜红，
茉莉花寻找木棉花的芳香。

巨鲸遗憾雄鹰不能在大海潜游，
雄鹰遗憾巨鲸不能在长空翱翔。

高山惋惜江河总是不停流向低处，
江河惋惜高山没有对远方的向往。

蓝天鄙薄汪洋缺少瑰丽的云彩，
汪洋鄙薄蓝天没有澎湃的波浪。

幸　运

幸运是一只美丽的蝴蝶，
常在明媚的山野翩翔，
你一心一意要捕获它吗？
它灵敏地躲闪，飞去了远方。

就变作一朵鲜艳的花吧，
迎着灿烂的阳光开放，
定有蝴蝶投入你的胸怀。
在芬芳中陶醉，收敛了翅膀。

自　在

看那山花盛开的烂漫，
看那蝴蝶飞舞的翩翩，
看那清溪淙淙的轻盈，
并非为讨何人的喜欢。

看那天空深邃的湛蓝，
看那遍野阳光的灿烂，
看那白云悠悠的飘逸，
都不为了何人的开颜。

信　念

绝非一条绚丽的彩虹，
挂在不可到达的天边。
跋涉在浩瀚的大漠，
它是一眼清清的涌泉，
能洗去你一路的风尘，
会润泽你干涸的心田。

绝非飘忽不定的蜃楼，
飘在不可进入的虚渺。
浮沉在辽阔的汪洋，
它是一座前方的绿岛，
会温暖你冷却的希望，
助你击退灭顶的狂涛。

伤　疤

有的伤疤烙印着耻辱，
有的伤疤烙印着光荣，
所有的伤疤都是幸福——
终止了那难堪的惨痛。

最怕不能结疤的创伤，
永不愈合长留在心中，
让你的灵魂常常流血，
让你的脚步永远沉重。

奢　望

智者说：奢望总是因碰壁而止的。

—— 题记

一个奢望就是一道厚壁，
太多的奢望筑就了一座牢狱。

自己总把自己禁锢，
成为没有刑期的囚徒。

心灵被牢笼退化了翅膀，
再也不能在长空自由飞翔。

人人慨叹人生的苦短，
但谁也不会把自己赦免。

古庙前的遐想

当然也祈求岁岁平安，
当然也祈求人寿年丰，
没有神龛也没有祭坛，
无须香烛也无须上供。

菩萨走下庄严的殿堂，
脸上挂着亲切的笑容，
热情地欢迎四方的香客，
向每一个人虔诚地鞠躬。

寂　寞

寂寞是一片美丽的山野，
静静的林间洒遍了阳光，
清新的微风吹拂着芳菲，
缤纷的野花烂漫地开放。

我的心灵可以舒展翅膀，
在无限的晴空自由飞翔；
我的脚步安详而轻松，
我的呼吸自在而舒畅。

没有神秘莫测的眼神，
令我无法猜透而不胜恐慌；
没有诡谲深沉的笑脸，
令我不能捉摸而不禁惊惶。

无须为了何人的喜欢，
调整自己的声音而紧张；
无须为了莫名的必须，
变换自己的姿态而怅惘。

寂寞是一片美丽的山野，
我爱在这里默默地徜徉。

日　子

——自勉

辛辛苦苦又过了一天，
只收获空空的疲倦。
如果给了别人一点欢欣，
就不虚度也无所遗憾。

随随便便又过了一天，
懊恼于自己的懒惰。
如果给了别人一点欢喜，
就不辜负珍贵的时间。

忙忙碌碌又过了一天，
莫埋怨生活的平凡。
如果给了别人一点快乐，
便温柔了时光的容颜。

奔奔波波又过了一天，
莫感慨人情的冷淡。
如果给了别人一点愉悦，
便增添了世间的温暖。

荷　珠

是想迎着阳光而飞升？
还是向往水波的喧腾？
风中不停地滚来滚去，
仿佛一刻也不能安静。

这是值得欢庆的好运？
还是叫人悲哀的不幸？
终于滚落浑浊的池水，
也失去了璀璨和晶莹。

伪善者

一切都那么本色，
一切都那么真实，
谁说他戴了面具呢？
一切仿佛出于本能。

比坦荡者还坦荡，
比诚恳者还诚恳，
谁说他虚情假意呢？
这虚假也一片真心。

在山野的树林

在山野的树林是多么逍遥，
如果我是一只自在的小鸟，
可以纵情歌唱在绿荫的怀抱，
可以展翅遨游在高邈的碧霄。

没有罗网也没有险恶的圈套，
没有忧伤也没有无聊的烦恼，
如果我是一只幸运的小鸟，
在山野的树林是多么逍遥。

纵　使

纵使海洋已经干涸，
还有江河不息的波澜；
纵使江河已经枯竭，
还有深山涌流的清泉。
　　如果清泉全都断绝，
　　还有天上降落的雨露，
　　大地总有雨露的润泽和濡染。

纵使太阳已经焚毁，
还有闪烁的星光满天；
纵使星光已经消亡，
世上还有灯光和火焰。
　　如果灯火全都熄灭，
　　还有不会泯灭的良知，
　　人间总有良知的抚照和温暖。

时　髦

一只乌鸦戴上了桂冠，
所有的白鹤把自己的每一根羽毛都染黑了。

木棉花被誉为英雄花，
千万种鲜花都开得又红又大而失去芳香了。

当山顶弥漫一片灰色的迷雾，
彩虹羞于自己的绚丽而悄然消逝了。

在午夜茫茫无际的黑暗之中，
火把羞于自己的明亮而默默熄灭了。

无　题（再一首）

一千朵绚烂开放的节日的礼花，
怎比一颗永久闪烁的星辰。
一百种博大精深的皇皇的玄机，
怎如一颗一尘不染的良心。

面对万里无际的浩瀚的大漠，
我渴望一片小小的翠绿的浓荫。
听着无数狂放的响亮的歌声，
我礼赞一个慈善的沉默的胸襟。

总有一天

——致一位神女——不是女神，是我创作的一个作品中的一个虚构的角色。我塑造了这个神女形象，这神女却自以为是女神，骄狂地给人间带来许多困扰，令人厌恶。

总会有这么一天，
我会看到你满头青丝变成白发，
我会看到你炯炯双眸变得昏花。
你脸上涂抹的那些铅华，
不是未到明天，未到明天
就要洗净落尽吗？

总会有这么一天，
我会看到你的青楼忽然地朽垮，
我会看到你的牌坊轰然地倒塌。
你头上佩戴的那朵鲜花，

不是到了明朝，到了明朝
就要凋萎枯蔫吗？

山居致友人

山顶上有白云的悠悠，
可以拭去郁结的烦忧；
山谷里有流水的潺潺，
可以涤荡沉积的哀愁。
　　遗憾，白云与流水，我无法
　　带去，赠你，我远方的朋友。

还有日夜不息的林涛，
可以冲净心灵的尘垢；
还有飘着芳菲的清风，
可以拂尽精神的鄙陋。
　　可惜，林涛与清风，我无法
　　寄去，赠你，我远方的朋友。

精　灵

讨厌那些可憎的精灵，
眼前总晃悠着它们的神情，
在那妩媚的微笑之后，
掩藏的嘴脸是多么的狰狞。

害怕那些可恶的精灵，
耳边总缭绕着它们的声音，
在那甜蜜的话语之中，
严严地包裹着险毒的居心。

畏惧那些可怕的精灵，
面前总闪动着它们的身影，
在那殷勤的诱导之下，
随时都会跌落隐蔽的陷阱。

树　根

春天，繁花满枝，
繁花宣告：这是我的时代。

夏天，绿叶满枝，
绿叶宣告：这是我的时代。

秋天，果实满枝，
果实宣告：这是我的时代。

冬天，剩下枝干，
枝干宣告：这是我的时代。

地下，树根无言，
永远沉默，在泥土的下面。

饮　酒

醉了的酒鬼，
总是说——
我没有醉，
我没有醉！

不醉的醒者，
却常说——
我已醉了，
我已醉了！

碑

有人为自己，
　　建立纪念碑。
高高地耸立
　　在喧嚣的闹市，
　　庄严伟丽。

宽阔的碑座，
　　有雕龙刻凤。
却无人流连，
　　因为每块基石，
　　都是谎言。

蜻　蜓

我梦见我是一只蜻蜓，
沐浴阳光在山野翩翔，
草叶闪烁露珠的晶莹，
轻风飘拂鲜花的芬芳。

欢乐之中一个不小心，
双翅粘着了一张蛛网，
苦苦挣扎时才突然看见，
无数蛛网在草木间隐藏。

网中的蜘蛛何其狰狞，
阴鸷地射来凶残的目光。
惊醒后仿佛仍是蜻蜓，
失去了随心飞翔的翅膀。

影　子

当我迎向太阳的时候，
它总在身后紧拉着脚步；
当我背向太阳的时候，
它却在前面欣喜地引路。

这就是我自己的影子？
好像作祟的妖精令人厌恶，
真无法摆脱它的纠缠，
除非甘当黑暗魔王的奴仆。

行　囊

我常跋涉在梦的荒原，
背上驮着小小的行囊，
遍野的荆丛布满乱石，
蹒跚的脚步踉踉跄跄。

不知是在什么时候，
不知是在什么地方，
梦中经常惊心地发现，
我的行囊丢失得精光。

忽地我变得一无所有，
心中不免空虚而慌惶，
行囊里放有我的荣耀，
行囊里装着我的珍藏。

惘然之中我继续前行，
面前的道路突然坦荡，
脚步神奇地变得轻捷，
一路都有明媚的风光。

致浓雾

消散的浓雾对群山说：让你们见见阳光吧，如果没有我的仁慈，你们会存在么？

——摘自一篇童话

是的，很高兴你的逝去，
因为我爱蓝天，我爱白云，
爱耸立的青山，鲜花的缤纷，
爱田野禾苗轻轻荡漾的绿波，
爱小鸟自由飞翔的欢欣……
难道，阳光普照也须向你感恩？
恕我唐突，如果没有雾，
大地的风光会更明丽而清新，
纵然雾罩，又怎能抹杀
群山壮美的存在，高耸的精神！

探求者

在苍苍茫茫的汪洋，
他追寻沉落的太阳；
在高山顶上的云端，
他伴随孤寂的月亮。
　　但在物欲勃勃的世上，
　　他却不知何往而彷徨。

在浩浩渺渺的夜空，
他采撷闪烁的星光；
在迢遥缥缈的银河，
他嬉游汹涌的波浪。
　　但在城府深深的人际，
　　他却诚惶诚恐地迷惘。

传　说

背负着人间的苦难，
他走在广漠的荒原，
无论风雨和晴日，
无论酷暑和严寒。

每一步都那么沉重，
每一步都那么艰难，
为了世间永久的福祉，
寻找埋葬苦难的深渊。

不知何处飞来的毒箭，
突然把他的胸膛射穿，
惨烈的创痛也没有让他倒下，
挺立成一座巍峨的高山。

太阳照耀着他的头顶，
白云飘拂在他的双肩，
一座高山庄重地耸立——
永不消逝的悲壮和尊严。

哪怕……

哪怕是在苍茫的荒原，
密密的荆丛紧紧纠缠。
也应该寻找一朵小花，
纵使不芬芳也不鲜艳。

哪怕是在浩瀚的戈壁，
再没有希望走出边缘。
也应该梦见一片绿洲，
林间缭绕袅袅的炊烟。

朝　露

悄悄凝结于旷野的草尖，
在静寂的长夜无声蔓延；
匆匆消逝在清晨的瞬间，
在缤纷的朝霞来临之际。

没有遗憾生命的短暂，
只怕沾染烦嚣的烟尘；
珍惜自身洁净的晶莹，
无心留恋喧腾的纷纭。

藤的诅咒

厌恶盛夏炎炎的烈日，
渴望一片浓荫的清凉。
它爬进了一棵大树下，
在阴凉中进入了梦乡。

一觉醒来才感梦太长，
叶片苍白得有些萎黄。
它怒不可遏愤愤诅咒，
怨恨大树遮住了阳光。

迟暮之疚

一位并非患痴呆症的长者，常向其往日的下属或熟人询问：以前我有什么地方对不住你吗？得罪过你吗？

——题记

那些纯洁的朴素的理想，
已在当年的腾达中遗忘；
那些绚烂的烂漫的憧憬，
早也湮灭于得意的风光。

却仍记得自己往昔的峥嵘，
压弯了无辜的正直的脊梁，
曾给好人难以摆脱的厄运，
曾给善者无法平复的创伤。

似乎欠下不能还清的重债，

只觉人生的宝贵都已尽丧，
这比碌碌无为更令人悲哀，
这比虚度一生更令人苍凉。

并不畏惧进入所谓的地狱，
也不祈望升上虚无的天堂，
却终日彻夜地痛苦而愧悔，
时刻渴求灵魂泰然的安详。

致窝囊

如今，有些人似乎已把正直、真诚、老实视作是愚懦，认为是窝囊了。

—— 一位朋友的感慨

有谁喜欢和你亲近呢？
没有谁高兴和你交往，
四周都投来轻蔑的白眼，
你这被唱衰的可怜儿郎。

勇敢一些呀把头高昂，
堂堂正正地挺起胸膛，
不要默认种种嚣狂的贬损，
不要理睬那些鄙夷的目光。

无须为受冷落而悲哀，

无须感觉孤单而颓丧，
我真想纵情高唱一支赞歌，
颂扬你的纯洁朴实和善良。

若世人都有你的秉性，
都有和你一样的心肠，
人间的丑陋不会如此堂皇，
世上的道路也更平坦宽广。

脚　印

茫茫原野布满人的脚印，
所有的脚印都走向死亡。
有的脚印长起棵棵绿树，
给大地片片繁茂和荫凉；
有的脚印长着芳草鲜花，
给世界许多绚丽和清香；
而有的脚印冒出毒蕈朵朵，
躲避着阳光，妖冶地开放……

莫　怨

莫怨邂逅春风的远去，
毕竟曾给你沉醉的温煦。
如果没有那深沉的陶醉，
你也没有这铭心的追忆。

莫怨未能结果的落英，
毕竟曾给你芳菲的美丽。
如果没有那纯净的清芬，
你也没有这刻骨的惋惜。

幸运的迷惑

有的人不可思议地容易受骗子的诱惑而上当。骗子可恶，受骗者令人同情也令人感叹。

—— 题记

总以为忽地从迷梦醒来，
怎料又进入诡诈的噩梦。
高兴地庆幸自己的运气，
可悲的幸运——人常在梦中做梦。

总以为忽地福气从天降，
谁知道却是无端的伤害。
欢欣地跳落鬼蜮的陷阱，
可哀的迷惑——人常把受害当爱。

互　勉

无须埋怨没有丰美的佳果，
无须埋怨没有缤纷的鲜花，
世界不是为你而准备的，
需要你辛勤地播种与耕耘。

何必嫌怨日子的枯燥困乏，
何必嫌怨生活的凡庸单调，
世界不是为你而准备的，
需要你努力地开拓与创造。

不要抱怨四周的冷漠无情，
不要抱怨人世的炎凉冷暖，
世界不是为你而准备的，
需要你热诚地关爱与奉献。

如果……

——自勉

在冰天雪地的冬夜，
如果你不胜彻骨的严寒，
你就把你自己变作
一堆篝火跃起熊熊的烈焰。

在波涛滔天的大海，
如果你面临灭顶的危险，
你就把你自己变为
一只小船升起勇敢的风帆。

在茫茫无边的沙漠，
如果你不堪干渴的煎熬，
你就把你自己变成

一个泉眼涌出汩汩的清泉。

在没有星光的森林，
如果你困于如漆的黑暗，
你就把你自己作为
一缕灯光亮起前行的信念。

小溪·人

面前耸着一座座大山，
小溪的道路曲曲弯弯。
经历无数苦难的阻挡，
人铸造了挺直的脊梁。

你无法……

你无法留住以往的岁月，
一棵树留不住枯黄的落叶。
生命，无法回避
时序的炎凉，季节的更替。

你无法遗弃记忆的风云，
一棵树总收藏坚实的年轮。
人生，无法拒绝
世间的悲欢，严酷的命运。

道　路

无尽的风雨和崎岖，
遍地的荆丛和泥泞，
如果是自己的幸运选择，
艰辛地跋涉也是舒心的旅程。

道道的绝壁和危峰，
处处的阴森和严峻，
若通向自己的美好向往，
所有的险阻都是动人的风景。

失去的飞翔

曾有一双矫健的翅膀，
曾对长空殷切地向往。
一个无情的笼子，
却囚禁了美丽的飞翔。

虽然岁月腐蚀了翅膀，
仍对长空殷切地向往。
那已消失的笼子，
也掳走了美丽的飞翔。

也　是

没有参天的古树，
高耸的山峰也是壮美的风景。

没有害人的水妖，
荒谷的清潭也是幽静的胜境。

没有显赫的业绩，
勤劳的一世也是崇高的人生。

没有邪恶的野心，
善良的卑微也是博大的胸襟。

短　暂

一现的昙花，
匆匆开放又匆匆凋谢，
总会散发阵阵清芬，
纵然在无人知道的深夜。

霹雳的闪电，
匆匆一闪又匆匆熄灭，
总给大地瞬间光明，
面对那满天乌云的肆虐。

孤独的时候

有的人害怕孤独寂寞，其实 ——

孤寂的时候也很美好，
远远离开莫测的喧闹，
走进这无须设防的宁静，
心灵挣脱了无形的镣铐。

承受阳光亲切的抚照，
听听山水天真的歌谣，
从容漫步多彩的大地，
无处不是温馨的怀抱。

在繁星闪烁的梦幻中，
尽情遨游无际的碧霄，
在遐思深邃的浩茫里，

追溯时间诞生的玄妙。

安详思索生命的神奇，
悠然探求人生的堂奥，
和先贤一起细细地论析，
同后世来者认真地商讨……

犹如一只自由的小鸟，
在林野多么快乐逍遥，
听不见那诡秘的烦嚣，
孤寂的时候也很美好。

祈

——致明天以及将来的日子

我有一琴弓，寂寞孑然，
你可是一把琴，有美妙的丝弦？

我的沉默里，凝着冰霜，
你可是一片灿烂温暖的阳光？

我有一轻舟，挂起了帆，
你可是浩渺的湖，碧波连天？

我的前行，或迷雾荡漾，
你可是带着花香和阳光的清风？

我的心愿，像一道彩虹，
你可是雨后青山顶上的晴空？

爱　树

我曾是一个播种育苗、挖坑栽树的植林者，我爱树。

——题记

不仅是满枝满枝茁壮的萌芽，
不仅是一树一树鲜丽的繁花，
不仅是一派蓬蓬勃勃的翠绿，
翠绿间闪烁着太阳的光华。

也是料峭春寒里凋谢的落英，
也是萧索秋凉中黄叶的飘下，
也是北风中瑟瑟颤抖的秃枝，
秃枝上怅惘地啼唤的昏鸦。

我不拒绝做梦

我不拒绝做梦，
虽然梦中的景象朦胧，
但比白天的生活更动人，
也比负重的日子要轻松。
驾着白云自由地飞翔，
遨游璀璨奇丽的星空，
忽地越过迢迢的烟水，
瞬间跨过关山千万重。

我不拒绝做梦，
虽然醒来便无影无踪，
但比白天的情景还真实，
纵使凶险带来阵阵惊恐。
那些妖魔恶毒的诅咒，

胜于伪装关爱的心胸；
那些鬼怪阴鸷的嘴脸，
好过藏着尖刀的笑容。

梦入荒原

梦中我独自在荒原夜行，
周围有许多怪异的眼睛。

有的眼睛流露着惊讶——
莫非误入歧途的迷魂，
人们都进入甜蜜的梦乡里，
为什么自找跋涉的艰辛？

有的眼睛显示着嘲笑——
真是不可理喻的愚蠢，
大家都醉于安逸的酣睡中，
为什么偏要孤苦地前行？

有的眼睛透露着鄙夷——
多么可怜可悲的无能，

确是个货真价实的窝囊废，
找不到一片安眠的树林。

有的眼睛闪射着恼恨——
何其可恶可憎的骄矜，
真是个不知好歹的捣乱者，
竟干扰我们美梦的安宁。

我不怕嘲笑也无须同情，
依然在荒原上踽踽独行。

视

我不惯俯视，
我不是鹰隼在高空翱翔。

我不惯仰视，
我不是低头吃草的牛羊。

我习惯平视，
我是大地上正常的凡人。

我并不遗憾，
我因此看不到许多风景。

阳光不会把谁抛弃

—— 与人共勉

阳光不会把谁抛弃，
总会温暖地照耀着你；
空气不会把谁遗忘，
总会让你舒畅地呼吸。

不必忧虑道路的崎岖，
你的脚下是广阔的大地；
何须抱怨阴晴的无常，
头上的蓝天永远美丽。

攫宝者

——一个传说

怀着热切的向往，
带着偌大的行囊，
他走进一方神秘的境域，
遍地的宝石金子闪烁着光芒。

忘情忘形地捡拾，
灵魂被欲望捆绑，
背上的行囊不停地沉重，
终于压断了他的双腿和脊梁。

无奈而怆然倒下，
变成岩石的景象——
神要他伴随岁月的漫漫，

世代向人间述说自己的悲怆。

从此那神秘之境，
在满地珍宝之上，
永远横着一具难朽的僵尸，
僵尸上压着鼓鼓胀胀的行囊。

如果神圣了贪婪……

如果没有了天上的甘雨，
绿野也会变成无边的戈壁；
如果没有了太阳的温暖，
大地也会变成沉默的废墟。

如果神圣了贪婪和无耻，
遗弃了耕耘又泯灭了良知，
连空气也被掠尽的时候，
窒息了世界也窒息了自己。

我梦见……

我梦见一群蝗虫呼啸着飞来，
像滚滚的乌云阴暗了天地，
呼啸声中显示着无限的威风，
好似不可一世的天之骄子。

它们啃噬了大地一切的绿叶，
它们吞灭了大地蓬勃的生机，
它们留下的岂止是满目疮痍，
多少心灵也都成了座座废墟。

一丛翠竹死了

可使食无肉，不可居无竹。

——题记

一丛翠竹死了，
死了，一丛翠竹，从山野
被移植到辉煌的庭院，
栽在富丽的华宅之旁，
养护在高贵堂皇的门前。
已欣欣地青葱了枝头，
却又死了，并非冰霜的摧残。

一丛翠竹死了，
死了，带着难以泯灭的嫌怨，
带着对青山绿野的思恋，
带着受辱的无比深广的悲愤，

带着不可玷污的高洁和尊严。

死了，一丛翠竹，
刚劲挺拔的翠竹死了。
它无法忍受那里的气息，
这气息压抑它翠绿的舒展；
它无法忍受那里的氛围，
这氛围摧损它坚强的刚健。
它不是附生于朽木的蕈子，
不是随处匍匐攀缘的藤蔓。
它不是寄生高枝的菟丝子，
如流苏般迎风招摇于树冠。
它不是柔弱的落地生根，
处处都欢乐而卑贱地繁衍。
它耻于附庸中佝偻，

它耻于屈辱中苟全。

死了，一丛翠竹，
高风亮节的翠竹死了。
它怎能像那些妖冶的纸花，
为装点不洁的华堂而鲜艳？
它怎会是污黑死水的微波，
反映着阳光，为掩饰满池腐臭而潋滟？
它怎能与鬼祟的贪婪为伴，相安而居？
它怎会让奸邪的目光亵渎，得意赏玩？

一丛翠竹死了，
死了，落尽了翠绿，
依然挺立大地，伸向云天。
这是它所不知道的——

不久，移植它的主人，一个贪官：
在法庭的被告席上，坠落了，
永远坠落在人间耻辱的深渊。

一只鸽子疯了

一只鸽子疯了，
一只温良的纯真的鸽子疯了。
疯了，在它被邀请参加
一次极富诗情画意的国际盛会——
庄重的“仁慈艺术节”之后，疯了。

在异邦，一座艺术名都，
它胸前别着嘉宾标志的鲜花，
高高兴兴，虔诚而热情，
参加了种种隆重的活动。

它参观各国大师们的画展，
一幅幅杰作令它惶惑又迷惘：
盘踞峰顶的巨鹰，俯视大地，
搜索猎物的目光阴鸷而凶险；

啸傲山野的猛虎，威仪无限，
仿佛听见令群兽胆寒的吼声……
它谦恭地请教身边参观的朋友：
为什么赞美这些残暴的品性？
刚结交的朋友，同样受邀与会的
贵宾，一个个高雅地缄默无语，
带着笑意瞟来莫名的眼神。

它出席精彩的诗歌音乐晚会，
欣赏天才巨星们的演唱与歌吟。
有的礼赞猎隼袭击小鸟的骁勇，
或扶摇直上九霄云外的英姿；
有的颂扬雄狮的王者风度，
无比的霸气，非凡的神采……
它惶然地求教座旁的朋友：

为什么歌颂这些凶恶的心肠?
陶醉于演出的朋友，不屑回答
这毫无意义的幼稚的问题。

最后它参加豪华的宴会，
稀世的美酒，珍奇的佳肴，
菜单上的金字令它昏眩——
酥炸鸽胸、清炖乳鸽……
“我抗议！”它义愤填膺地高喊，
悻悻离席飞去，却又突然坠落，
趴在地上，趔趔趄趄，踉踉跄跄。
“疯子。”嚼着酥鸽的同桌贵宾说，
品尝鸽汤的也异口同声：“真是疯子！”

真是疯子，

它呆呆地望着蓝天白云，
展不开向往晴空的翅膀。
它纯朴可爱，洁白得美丽，可是疯了。

一只酒瓶

一只空了的玻璃酒瓶，
因为好看而没有丢弃。

于是盛了半瓶多清水，
插着一些鲜艳的花枝。

主人摆在富丽的客厅，
置于最为显眼的位置。

我看见瓶子里的水中，
几只孑孓欢乐地嬉戏。

人的一生

人的一生总因人而异，
好比似是而非的瓶子。
每天都要装进些东西，
才会觉得日子的充实；
年年都必须有所收获，
才能感到活着的意义。
否则白白浪费了生命，
自己的人生多么空虚。

瓶子里装的是什么？
如果塞满脏物和垃圾，
我愿赞美空空的瓶子。

拿云亭

在明月峰上，据说是桂林市区最高处。

——题记

许多人爬上来了，匆匆，
许多人又下去了，匆匆。
拿到云了吗？云在天边，
转瞬间飘逝，也何其匆匆。

爬上来的是过客，匆匆，
下去的也是过客，匆匆。
拿云亭无云，静立年年，
伴奇峰秀水，有阵阵清风。

东坡亭

东坡亭在合浦县，亭内刻在石碑上的苏东坡诗中有“芒鞋不踏名利场”之句。

——题记

怀着虔诚，怀着敬意，
我前来寻觅你的踪迹。
踪迹何处，沧海桑田，
一千年有太多的风雨。

日月浮沉，大江东去，
滚滚的波涛日夜不息。
大浪淘沙，千古豪杰，
淘不去你不朽的诗句。

悠悠千载，难共婵娟，
相同的是古今之胸臆。
芒鞋不踏名利场，
又何必相逢何必相识。

在湘西（三首）

沈从文墓

山上的树木依然森森，
山下的小河依然清清，
边城的风景依然秀媚，
苗女的歌声依然多情。
——林中声声小鸟的啼唱，
　　伴着一片如梦的幽深。
月是故乡的月最明亮，
山是故乡的山最慈祥，
水是故乡的水最甘美，
土是故乡的土最芳香。
——墓旁几朵小小的山花，
　　沐着清风美丽地开放。

王　村

不，我不是那个芙蓉镇，
我的名字自古叫王村，
那些苦涩的故事在我身上扮演，
古朴的长街小巷并不觉得荣幸。

不，请莫再叫我芙蓉镇，
这个名字令我难堪，
世上竟曾演出那些辛酸的故事，
这里的绿水青山也都感到汗颜。

注：王村——现称芙蓉镇，因为20世纪80年代著名电影《芙蓉镇》在此拍摄而改名。

张家界

走不尽的深邃，流水潺潺，
望不断的巍峨，云天渺渺，
张家界，已经多少世纪，
静静处于荒野，高耸碧霄。
雄奇，壮美，何等的神采，
峭拔，飘逸，何等的风貌，
无心博取尘世的欢悦和赏识，
默默地，不会招摇，耻于炫耀。
从来不识人间的功名和尊贵，
从未觉得岁月的落寞和寂寥。
不知道荣辱浮沉的烦忧，
也没有毁誉得失的苦恼。
从不知道卑躬屈节的谄谀，
也不懂得飞扬跋扈的倨傲。
历经多少沧桑，未失本色，
无数霹雳震撼，不曾歪倒。

任凭月圆月缺，季节冷暖，
无论云雾弥漫，风雨飘摇，
泰然屹立，面向滚滚的红尘，
宁静而安详，悠闲地远眺，
看一座又一座堂皇宫殿的崩塌，
看覆灭了一个又一个显赫的王朝。

今天，我前来拜访，
原谅我这匆匆过客的打扰。
我听见游人高声对你叫喊，
欣赏你群峰悠扬回声的缭绕。
回声中，我仿佛隐隐地感到
你厌烦这世界的纷扰与喧嚣。
我知道，你无须歌赞，也许
我这粗浅的诗行，也是一种无聊。

你也无须祝福，我知道
在我难以想象的洪荒以前的以前，
你就伴着潺潺流水，萧萧林涛；
在我无法想象的遥远而无穷的未来，
你仍会迎着朝阳喷薄，目送辉煌夕照……

高山瑶寨（二首）

梯田秋色

一幅幅翡翠般的绿绸，
从高高的山顶上垂下，
秋风是个勤快的绣花女，
每天都绣上些金色彩霞。

听　歌

一位老人对我唱他们古老的史歌。

——题记

我忽而听见严冬的泉水在幽深的山涧呜咽，
我忽而听见夏日的山洪在峡谷如郁雷滚动，
我忽而听见千面悲愤的大鼓齐声怒吼，
哦，我听见了一个多难而不屈的民族的心声。

我忽而看见层层秀丽的梯田直上云天，
我忽而看见陡峭的小路石级上深深的脚印，
我忽而看见万把激怒的长矛冲出山林，
哦，我看见了一个勤劳而勇敢的民族的身姿。

1962年桂北山中

莫让……

苍茫暮色里沉落了夕阳，
天空仍闪烁灿烂的星光。
莫让暮景迷蒙了眼睛，
迷蒙的眼睛会暗淡星空的煌煌。

黄叶飘零时遍野已凝霜，
迎霜的菊花烂漫地开放。
莫让暮秋的心田荒芜，
荒芜的心田长不出美好的希望。

聪　明

耳不聋是聪，眼不盲是明。一位已经老去的眼蒙耳背的朋友，依然喜欢在人前夸耀自己的聪明。

——题记

听得见钟表秒针的脚步声，
听得见光阴在阶前惴惴走过的足音吗？

看得见银河之滨迢遥的星座，
看得见宇宙边缘以外的无限的风光吗？

知道世界各个民族的历法，
知道身边时间的起点和终点吗？

洞穿了中外古今，看破了红尘，
看破眼前那缤纷的实利和浮名了吗？！

记　忆

留住，留住一路的山花似锦，
莫让沧桑的苍茫掠走了缤纷。
留下，像留下片片五彩云霞，
点缀你每一个早晨和黄昏。

留住，留住一路的明媚风景，
莫让遗忘的混沌劫尽了踪影。
留下，像留下处处高山流水，
陪伴你长长的孤独与冷清。

恬　淡

何须赞美，你就是这个样子，
再好的赞扬也粉饰不了你，
不会长出华彩闪耀的翅膀，
天空因你的飞翔而美丽。

何惧诽谤，你总是这个样子，
再毒的毁谤也妖魔不了你，
不会长出狰狞恐怖的獠牙，
世人因你的往来而惊悸。

潺　潺

在绿荫掩映的幽谷的溪涧，
在卵石铺满的清亮的浅滩，
是谁愉悦又深情地歌唱？
日日夜夜有动人的潺潺。
　　一颗晶莹而纯朴的心灵
　　从不追求向上的高攀。

在阳光照耀的湍急的河湾，
在岩石嶙峋的崎岖的险滩，
是谁欢欣而衷心地歌唱？
时时刻刻都有好听的潺潺。
　　一颗美丽而高洁的心灵
　　从不拒绝往下的艰难。

莫名的幽思

春夜的田野听不见一片蛙声了，
农家的屋檐看不到一只麻雀了。
我们高兴有着种种农药和化肥，
我们欢欣禾苗蓬勃地拔节抽穗。

成熟的菠萝丧失了菠萝的芳香，
肥大的香蕉没有了香蕉的气味。
我们为硕果累累的年成而高兴，
我们为不断丰足的日子而欢欣。

疑

我可以相信，我宁愿相信，
巨鲸在长空游过高山峻岭，
雄鹰在海底展翅悠悠飞行。
相信，大海有一天变成高原，
沙漠有一天长起茂密的森林。

我可以相信，我甚至相信，
能捞起深潭中闪烁的星星，
能甩掉阳光下自己的身影。
相信，你能抓住身边的清风，
能凝固留下瞬间飘逝的琴音。

但我不相信，井蛙是春的使者，
是它的歌声把冬眠的大地唤醒。

忧患岁月

一位年轻的朋友说，每一个人的人生都不可能没有困苦的历程。他问一位长者：你是怎样度过你这辈子那些忧患的岁月?

——题记

孑然在痛苦的大漠踉踉跄跄，
幻影里的绿洲有小鸟的欢唱。

浮沉在悲哀的汪洋阵阵狂涛，
闭眼也看见前方明媚的小岛。

趔趄在崎岖的溶洞昼夜不分，
心胸像广阔的原野旭日正东升。

安家在废墟的残垣断壁之下，
瓦砾间也栽种几株芳草和鲜花。

无须……

古人云“老而不死是为贼”，似乎尚能理解；当今有人称“过时的老货们”为“垃圾”，未免有些惶惑。重阳节，在一次敬老的聚会上，想说的心里话。

——题记

无须满枝累累的硕果，
无须绿荫如云的茂林，
便是一朵素洁无香的小花，
便是一株欣欣向荣的小草，
也会抚慰戈壁旅途的艰辛。

无须灿烂阳光的照耀，
无须热烈篝火的腾腾，
就是远方一缕明灭的灯光，
就是天际一粒闪烁的寒星，

也会温暖雪原夜行的寂冷。

无须毕恭毕敬的礼数，
无须情深意重的尊称，
只是轻轻一展的亲切的微笑，
只是匆匆一闪的友善的眼神，
也令吾侪深深感激而欣幸。

心　愿

不再眺望远方的道路，
渐行渐近最后的归宿。
不是怀恋已逝的往昔，
却未免偶尔回首一顾。

一生未能给予人幸福，
但也没有给予人痛苦。
愿最终的那一缕轻烟，
对天地也无丝毫玷污。

霜　叶

林间的霜叶轻轻吟唱，
歌声多么恬淡而安详，
没有欢乐也没有忧伤，
只有幽深明净的和畅。

面对不能跨越的季节，
心怀报恩土地的热望，
并不沉醉红似二月花，
虔诚期待归根的时光。

致岁月

你支配四季的寒来暑往，
一切的一切都难以抗拒你的力量。
请常给大地明媚的春光，
让每一颗种子健康地萌芽，
让每一株绿苗茁壮地成长。

你当是世界万物的主宰，
所有的所有都不能摆脱你的安排。
请多给我们仁爱的关怀，
让每一个老者有愉悦的回顾，
让每一个幼者有美好的未来。

你创造天地人间的历史，
所有的一切都无法违背你的意旨。

请常赐人间尊严的正义，
让每一个心胸安居着良知，
让每一个脊梁自豪地挺立。

期　待

也许人生都有一个永远追求不到的美好存在，也是一个只能追求的不存在。

——题记

我期待，总是虔诚地期待。
当我的向往闪现你的面影，
就殷切期待你欣然地来临，
带给我春光永驻的岁月，
赐予我美好幸福的人生。

我期待，总是虔诚地期待。
当绿遍原野的春风归去，
枝头凋谢的落英纷纷；
当夏日的郁雷隐隐消逝，

热烈的蛙歌也渐渐沉静；
当北来的雁阵悠悠南飞，
林间的黄叶凄寂地飘零；
当漫天的雪花洁白了大地，
温暖的阳光也变得冰冷。

我期待，总是虔诚地期待。
当黎明从天边轻盈地走来，
把万物从沉睡中温柔地唤醒；
当中天太阳爱抚着世界，
阶前静静地爬过惴惴的光阴；
当暮色融尽连绵的群山，
独自漫步于林荫的小径；
当圆月在窗前关怀守护，

无眠的长夜已经深沉。

我期待，总是虔诚地期待。
当邪恶的精灵频频地诱惑，
我依然没有失去至洁的坚贞，
无论日子如何苦涩而郁悒，
漫漫的旅程是怎样的艰辛。

我期待，依然虔诚地期待。
当深夜迷失于漆黑的森林，
恐怖中看不见一颗北斗的星辰；
当烈日下匍匐在如火的大漠，
万里晴空没有一朵遮阴的浮云；
当风雨中跋涉在苍凉的荒野，

每一步都可能倒在污秽的泥潭；
当迷雾里攀登难以逾越的高山，
面对处处悬崖绝壁的重重险峻。

我期待，依然虔诚地期待。
当我的生命进入萧索的秋日，
回首，蓬勃的青春杳无踪影；
当我的夜空无声地陨落，
一颗又一颗灿烂而逝的流星；
当我的神态无可奈何地龙钟，
燃烧的热情将化为灰烬；
当无数次失望之后又再失望，
仿佛已无法萌生新的憧憬。

我期待，依然虔诚地期待。
当我走进黑暗无际的墓茔，
依然期待你翩翩的来临，
默默陪伴我寂寞的长眠，
常常美丽我幽深的梦境。

后　记

把这本小集子命名为《秋山芒絮》，固然是因为集子内有的题目有这样的字眼；亦是因为童年在故乡秋天的山上，看到随风飘扬的芒絮，给我难以泯灭的美感。虽然我知道，一两米高的顶端挺着一秆秆芒絮的芭芒，不属“芳草”之列，农家割柴草都不要，它们窄窄的长叶边缘很锋利，会伤人，带着绒毛会随风飘飞的种子，也不是人们所需的果实。故而实在没有什么用处，只能绿化裸露的荒野秃山。

这些习作都曾在报刊发表，集结在一起只是作为自己或和亲朋的一种纪念。深知这些诗作并不优秀，这是下笔时就明白的。写这些分行的文字，我已进入人生之秋。除《高山瑶寨》两首，是由于某种特殊的感受和偏心而收录外，所收录集子内的都是 1995 年以后的习作。

人生之秋，早已明确知道自己缺少文学创作必需的种种，深知自己不宜从事文学创作，信心也渐渐消失了，不再像年青时那样热情并抱有希望或说是幻想。虽未完全与诗绝缘，却没有像年青时那么重视这种“作业”了，不去理睬，不着意追求诗歌的种种了。只是习惯运用诗歌分行的形式来记述抒写自己的所思所感，诗也罢，非诗也罢，犹如写日记一样，也许正像许多不从事文学创作的人也写诗那样吧。或者，更像山乡农村种田的叔伯婶娘、青年男女，劳作累了，兴之所至，也唱唱几句山歌那样吧。

这些以诗的形式记述所思所感的文字，不少是自我抚慰、自我勉励或与人共勉，不免有说理、说教之嫌。由于是在某种不堪的情状中自我安慰和劝勉，或多或少消释了自己的一些难堪，因而感到亲切而欢喜，亦不管是否具有诗的品质也都收入集子中了，就当做个纪念吧。这些诗虽是人生之秋写的，其中有些却是抒写年青时的感受和情怀，是一种记忆。年青岁月的许多往事，当年的迷茫、忧郁和愉悦是铭心的，回首时不免感慨，以分行的文字记下，有所慰藉亦感舒畅。诗歌编排没有什么讲究，既不按写作或发表时间的先后，也不按内容，确是相当芜杂，随便凑合。

这后记只是凑集这本集子时有所感触而写的，以告知有机会看到这本集子的尊敬的读者。在此，感谢广西民族出版社的好意，感谢年青的朋友钟世华教授的鼓励和帮助，使这些习作能集结出版。也感谢你，尊敬的读者，感谢你翻开这本平凡的小书。

韦其麟

2020 年 10 月 11 日初写

2024 年仲夏再改

图书在版编目（CIP）数据

秋山芒絮 / 韦其麟著 ; 钟世华选编. -- 南宁 : 广西民族出版社, 2025. -- ISBN 978-7-5363-7967-1

Ⅰ. I227

中国国家版本馆CIP数据核字第2025WF3806号

秋山芒絮

QIUSHAN MANGXU

韦其麟　著　　钟世华　选编

出 版 人：石朝雄
责任编辑：蓝雪玲
装帧设计：张文昕
责任校对：黄毅萍
责任印制：张东杰
出版发行：广西民族出版社
　　地址：广西南宁市青秀区桂春路3号　　邮编：530028
　　电话：0771-5523216　　传真：0771-5523225
　　电子邮箱：bws@gxmzbook.com
印　　刷：广西昭泰子隆彩印有限责任公司
规　　格：787毫米×1092毫米　1/32
印　　张：5.5
字　　数：98千字
版　　次：2025年7月第1版
印　　次：2025年7月第1次印刷
书　　号：ISBN 978-7-5363-7967-1
定　　价：36.00元